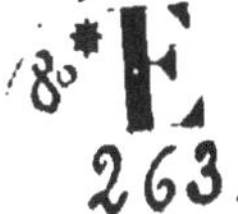

LE

DROIT INTERNATIONAL PRIVÉ

DANS LA

LÉGISLATION ITALIENNE

PAR

M. PIETRO ESPERSON
Professeur à l'Université de Pavie,
Membre de l'Institut de Droit international.

Traductions et notes de M. CHARLES ANTOINE
Substitut du Procureur de la République près le Tribunal de Vouziers.

1re partie

Extrait du *Journal du Droit international privé*, année 1879.

PARIS
MARCHAL, BILLARD ET Cie
Libraires de la Cour de cassation, 27, place Dauphine.
1880

EN VENTE :

Chez MM. MARCHAL, BILLARD et Cie

Libraires de la Cour de Cassation, 27, place Dauphine, à Paris.

Concordance des résolutions du Congrès de la propriété artistique avec les dispositions déjà admises sur la matière, dans : 1° les Congrès internationaux; 2° les traités internationaux; les lois positives des principaux pays, par M. Clunet, avocat à la Cour de Paris. rédacteur en chef du *Journal du Droit international privé*, 1 broch. in-8, 2 fr.

De l'état actuel des relations internationales avec les États-Unis en matière de marques de commerce. par M. Clunet, 1 broch. in-8, 2 fr.

EN PRÉPARATION

Du défaut de validité de plusieurs traités diplomatique conclus récemment par la France. par M. Clunet.

De l'effet de l'exécution des actes et jugements étrangers en France, par M. Clunet.

LE DROIT INTERNATIONAL PRIVÉ

DANS LA LÉGISLATION ITALIENNE

PREMIÈRE PARTIE

CONDITION JURIDIQUE DE L'ÉTRANGER EN ITALIE.

§ 1. — *Droits de l'étranger.*

SOMMAIRE : 1. L'égalité de l'étranger et du national est la base du Droit international privé.

2. Le législateur italien a proclamé sans condition cette égalité relativement à la jouissance des droits civils.

3. Pour cette jouissance il n'est pas nécessaire que l'étranger réside en Italie.

4. Exception relative à l'étranger qui veut servir de témoin dans un testament.

5-6. Dispositions du Code de la marine marchande relatives au droit de propriété des étrangers sur les navires italiens.

7. Le législateur italien a rejeté le système de la réciprocité proclamé par d'autres législateurs.

8. Conséquences dérivant de l'égalité absolue des étrangers et nationaux pour la jouissance des droits civils.

9. L'étranger en Italie n'est pas tenu à la caution *judicatum solvi* dans le cas où il cite en justice un national.

10. Il peut aussi bien réclamer l'assistance de la juridiction gracieuse que celle de la juridiction contentieuse.

11. Les étrangers sont uniquement privés de la jouissance des droits politiques.

12. Au nombre des droits politiques réservés aux nationaux on doit comprendre le droit d'*incolat*.

13. Disposition relative à ce droit dans la loi de sûreté publique.

14. Le droit d'*incolat* s'acquiert par l'étranger naturalisé même par décret royal.

15. Conséquences dérivant de ce que, relativement à la jouissance des droits civils, l'étranger reste régi par sa loi nationale pour tout ce qui a trait à son état et à sa capacité personnelle.

16. Comparaison du principe libéral consacré dans la législation italienne et des règles consacrées dans les législations étrangères.

17. Traités conclus par le royaume de Sardaigne et par le royaume d'Italie avec les puissances étrangères pour assurer aux Italiens le même traitement à l'étranger.

18. Le principe précité s'applique aussi aux personnes juridiques ou aux corps moraux légalement reconnus à l'étranger.

19. Disposition consacrée par le Droit international conventionnel en vi-

EN VENTE :

Chez MM. MARCHAL, BILLARD et Cie

Libraires de la Cour de Cassation, 27, place Dauphine, à Paris.

Concordance des résolutions du Congrès de la propriété artistique avec les dispositions déjà admises sur la matière, dans : 1° les Corgrès internationaux; 2° les traités internationaux; les lois positives des principaux pays, par M. Cluner, avocat à la Cour de Paris, rédacteur en chef du *Journal du Droit international privé*, 1 broch. in-8, 2 fr.

De l'état actuel des relations internationales avec les États-Unis en matière de marques de commerce, par M. Cluner, 1 broch. in-8, 2 fr.

EN PRÉPARATION

Du défaut de validité de plusieurs traités diplomatique conclus récemment par la France, par M. Cluner.

De l'effet de l'exécution des actes et jugements étrangers en France, par M. Cluner.

LE DROIT INTERNATIONAL PRIVÉ

DANS LA LÉGISLATION ITALIENNE

PREMIÈRE PARTIE

CONDITION JURIDIQUE DE L'ÉTRANGER EN ITALIE.

§ 1. — *Droits de l'étranger.*

SOMMAIRE : 1. L'égalité de l'étranger et du national est la base du Droit international privé.

2. Le législateur italien a proclamé sans condition cette égalité relativement à la jouissance des droits civils.

3. Pour cette jouissance il n'est pas nécessaire que l'étranger réside en Italie.

4. Exception relative à l'étranger qui veut servir de témoin dans un testament.

5-6. Dispositions du Code de la marine marchande relatives au droit de propriété des étrangers sur les navires italiens.

7. Le législateur italien a rejeté le système de la réciprocité proclamé par d'autres législateurs.

8. Conséquences dérivant de l'égalité absolue des étrangers et nationaux pour la jouissance des droits civils.

9. L'étranger en Italie n'est pas tenu à la caution *judicatum solvi* dans le cas où il cite en justice un national.

10. Il peut aussi bien réclamer l'assistance de la juridiction gracieuse que celle de la juridiction contentieuse.

11. Les étrangers sont uniquement privés de la jouissance des droits politiques.

12. Au nombre des droits politiques réservés aux nationaux on doit comprendre le droit d'*incolat*.

13. Disposition relative à ce droit dans la loi de sûreté publique.

14. Le droit d'*incolat* s'acquiert par l'étranger naturalisé même par décret royal.

15. Conséquences dérivant de ce que, relativement à la jouissance des droits civils, l'étranger reste régi par sa loi nationale pour tout ce qui a trait à son état et à sa capacité personnelle.

16. Comparaison du principe libéral consacré dans la législation italienne et des règles consacrées dans les législations étrangères.

17. Traités conclus par le royaume de Sardaigne et par le royaume d'Italie avec les puissances étrangères pour assurer aux Italiens le même traitement à l'étranger.

18. Le principe précité s'applique aussi aux personnes juridiques ou aux corps moraux légalement reconnus à l'étranger.

19. Disposition consacrée par le Droit international conventionnel en vi-

gueur entre l'Italie et les États étrangers relativement aux sociétés commerciales, industrielles et financières.

1. C'est fort justement que M. le professeur Laurent, dans un remarquable travail publié récemment dans ce *Journal* (1), soutient que l'égalité de l'étranger et du national est la base du Droit privé international. Si l'étranger n'a la jouissance d'aucun droit civil, il ne peut être question de déterminer la loi d'après laquelle seront régis ses droits, et dès lors le Droit international privé, n'ayant aucune raison d'être, devient impossible.

2. Aussi, le législateur italien, voulant rendre hommage aux principes du Droit privé international, qui a son fondement dans la reconnaissance de la personnalité humaine, a-t-il donné un noble et généreux exemple aux législateurs des autres pays, en proclamant indistinctement l'égalité de l'étranger et du national pour la jouissance des droits civils (2). Les droits civils ne sont autres que les droits naturels, tels qu'ils sont reconnus, sauvegardés et garantis par la loi positive. Ces droits, étant relatifs au développement de l'activité humaine pour la satisfaction des besoins communs à tous les individus, constituent l'apanage de l'homme et non du citoyen. C'est pourquoi, si le défaut de communauté de patrie peut avoir pour effet de créer des inégalités dans la jouissance des droits politiques, ces droits concernant l'exercice de la souveraineté d'une nation déterminée, et ne pouvant dès lors être attribués qu'aux citoyens ou membres de cette nation, il ne saurait, au contraire, avoir pour résultat de créer des inégalités relativement à la jouissance des droits civils, qui ont pour source la nature humaine, qui est toujours identique, quel que soit l'État auquel nous appartenions. Quand un individu, en pays étranger, veut conclure des contrats, disposer de ses biens, succéder ou exercer d'autres droits civils, il ne demande qu'à déployer son activité, qu'à pourvoir à son existence physique, intellectuelle et morale. Par conséquent on en viendrait à méconnaître sa personnalité et à rendre son existence fort pénible, si on lui créait des obstacles pour le seul motif qu'il appartient à une nationalité étrangère (3).

(1) Voir *Journal du Droit international privé*. Études sur le Droit international privé, par LAURENT, 1878, p. 303 et 421, 1879, p. 5.

(2) Voici la traduction littérale de l'art. 3 du Code civil italien, relatif à cette question :

« L'étranger est admis à jouir des droits civils attribués aux citoyens. »

(C. A.)

(3) Quel serait du reste l'intérêt pour un État d'agir ainsi à une époque où les rapports internationaux sont aussi fréquents qu'aujourd'hui,

3. La Commission du Sénat ne voulait pas admettre le principe de l'égalité absolue de l'étranger et du national relativement à la jouissance des droits civils. Elle était d'avis qu'on devait imposer à l'étranger l'obligation de la résidence pour pouvoir jouir des mêmes droits civils que les nationaux. Il lui semblait qu'une telle obligation, non-seulement était implicitement sous-entendue pour les droits civils dont l'exercice est subordonné à la présence personnelle, mais encore était opportune relativement à tous les droits civils pour éviter (ce sont là les expressions mêmes du rapport de cette Commission) « l'étrange exagération consistant à attribuer aux habitants de nos antipodes la jouissance des droits civils en Italie. » En outre, il ne lui semblait guère opportun que le législateur donnât à un étranger résidant en des régions lointaines et ayant des habitudes radicalement opposées aux nôtres, la possibilité d'exercer les fonctions de tuteur et de gérer les intérêts d'Italiens mineurs.

Mais la Commission chargée de la coordination des dispositions du nouveau Code fut unanime, et avec raison, à repousser une telle restriction, comme n'ayant aucun fondement juridique. Il n'y a, en effet, aucun motif pour qu'un individu soit, en raison de la circonstance qu'il n'habite pas dans un pays, privé de la faculté d'y posséder des biens, d'y avoir des intérêts industriels ou commerciaux, d'y recueillir une succession qui s'y est ouverte en sa faveur en vertu d'un testament ou *ab intestat*, et de s'y prévaloir de tous autres droits civils pour l'exercice desquels sa présence personnelle n'est pas absolument nécessaire. La condition de résidence qu'on voulait imposer à l'étranger pour qu'il pût jouir en Italie des droits civils, était peu en harmonie avec les principes de pleine et entière communauté de ces mêmes droits que le législateur italien voulait assurer à l'étranger pour rendre hommage aux tendances manifestes des temps nouveaux vers le principe de la solidarité de la famille humaine. Relativement, du reste, aux craintes manifestées par la Commission du Sénat au sujet de la tutelle, la Commission de coordination fit observer fort à propos qu'elles n'étaient pas fondées, parce que dans tous les cas le conseil de famille veillerait à la sauvegarde des intérêts des mineurs (1).

4. Néanmoins dans le Code civil italien on impose exceptionnelle-

sinon d'attirer des mesures de rétorsion sur ses propres nationaux, d'entraver ses relations commerciales avec les autres pays et d'empêcher les étrangers d'apporter au développement de la richesse nationale le secours de leurs capitaux. (C. A.)

(1) Voir les *Procès-verbaux de la Commission pour la coordination des dispositions du Code civil*, p. 27, Turin, imprimerie royale, 1866.

ment la condition de la résidence en Italie, dans le cas où l'on veut faire figurer un étranger comme témoin dans un testament public ou secret (*mystique*) (1).

5. Aux termes du Code de la marine marchande du 25 juin 1865, modifié par la loi du 24 mai 1877, les navires, pour l'obtention de

et le rapport du garde des sceaux fait au roi pour la publication de ce Code.

Nous devons dire que, pour faire cesser la diversité des lois civiles en vigueur en Italie au lendemain de la formation du royaume, il fut présenté devant le Parlement divers projets d'un nouveau Code civil applicable à tout le royaume. Le dernier fut celui du ministre garde des sceaux Pisanelli, dont la présentation fut faite au Sénat en 1863. Le Sénat nomma une Commission de onze sénateurs pour examiner le projet et faire un rapport. Cette Commission remplit la tâche qui lui était confiée; mais les choses en restèrent là.

En 1864 le nouveau garde des sceaux, Vacca, présenta un projet de loi ayant pour objet d'autoriser le gouvernement à publier et à rendre exécutoires dans tout le royaume, par décrets royaux, plusieurs lois organiques (au nombre desquelles figurait en premier lieu le Code civil), avec les modifications convenues entre la Commission du Sénat et le garde des sceaux. Le gouvernement demandait en outre la faculté d'introduire dans ce Code et dans les autres lois qui devaient être ainsi publiées, les modifications qu'il croirait nécessaires pour les *coordonner* entre elles et avec les autre lois du royaume.

Cette autorisation fut accordée au gouvernement par la loi du 2 avril 1865, en exécution de laquelle, par décret royal en date du même jour, fut instituée la Commission de *coordination*.

Quand cette dernière Commission eut rempli sa tâche, le garde des sceaux proposa à la sanction royale un décret portant approbation du Code civil italien, et en ordonnant la publication. A cet il effet fit un rapport à Sa Majesté, dans lequel il exposait les motifs qui lui avaient fait admettre la plupart des modifications proposées par la Commission de *coordination*, tout en rejetant quelques autres peu nombreuses.

Nous avons cru nécessaire de donner ces éclaircissements sur les travaux préparatoires du Code civil italien, relativement auquel, en raison de l'urgence qu'il y avait de terminer l'unification législative, on dérogea aux règles ordinaires de la procédure parlementaire. Il y avait lieu en effet d'expliquer spécialement aux lecteurs qui ne sont pas Italiens l'intervention de la Commission de *coordination* dans la rédaction de la disposition relative à l'égalité des étrangers et des nationaux pour la jouissance des droits civils, ainsi que des autres dispositions de ce Code dont nous aurons à parler dans le cours de cette étude.

(1) Article 788, dont voici la traduction littérale :

« Les témoins dans les testaments doivent être mâles, majeurs de « vingt et un an, citoyens du royaume, ou *étrangers y résidant*, etc. »

(C. A.)

l'acte de nationalité, doivent appartenir à des nationaux italiens ou à des étrangers domiciliés ou résidant en Italie depuis cinq ans au moins. Toutefois, les étrangers, même non domiciliés ni résidant en Italie, peuvent participer à la propriété d'un navire national jusqu'à concurrence d'un tiers (1). Lorsque ces étrangers ont, à quelque titre que ce soit, acquis la propriété d'un navire italien pour une part supérieure au tiers, il est prescrit qu'ils doivent, dans le délai d'un an, céder l'excédant de la propriété du tiers à des nationaux italiens, ou bien à des étrangers domiciliés ou résidant en Italie depuis cinq ans au moins. Après l'expiration de l'année, si l'étranger, n'a pas cédé la part de propriété du navire qu'il ne lui est pas permis de posséder, le capitaine de port de l'arrondissement (*compartimento*), dans lequel est inscrit le navire, provoque la vente des trois quarts de la propriété du bâtiment (2).

6.- Dans le Code de la marine marchande on n'avait pas déterminé la façon dont on devrait, par rapport à la propriété du navire, considérer les sociétés commerciales auxquelles ordinairement appartiennent les vaisseaux marchands de quelque importance. Il existe des sociétés établies à l'étranger qui se composent de négociants italiens, tout comme il en est d'autres établies en Italie qui ont pour membres des négociants étrangers. Il y a également des sociétés *en nom collectif*, *en commandite*, et *anonymes* formées en partie au moyen de capitaux nationaux et en partie de capitaux étrangers; il existe enfin des succursales qui opèrent dans l'État, mais qui dépendent d'une maison qui a son siège à l'étranger. Il y a dès lors lieu de déterminer quand ces sociétés doivent être considérées comme nationales et quand elles doivent l'être comme étrangères, dans quels cas elles doivent être regardées comme établies à l'étranger, et dans quels cas elles doivent être censées établies dans l'État.

C'est cette lacune qui fut comblée par la loi précitée de 1877. Aux termes de cette loi, les sociétés *en nom collectif* ou en *commandite*, même lorsque le siège social est à l'étranger, sont considérées comme nationales, et dès lors admises à participer à la propriété de navires italiens si l'un des sociétaires en nom est citoyen italien. Les sociétés

---

(1) Aux termes de l'art. 11 de la loi du 9 juin 1845, les étrangers peuvent avoir un droit de propriété sur les navires français, *pourvu que la moitié au moins de* ces navires appartiennent à des Français. Mais on ne fait pas de distinction à raison du domicile. (C. A.)

(2) Art. 30 et 41 du texte unique du Code italien de la marine marchande approuvé par décret royal du 24 octobre 1877, à la suite des modifications faites à ce Code en vertu de la loi du 24 mai de cette même année.

de cette même nature, composées d'étrangers, mais établies ou ayant leur siège social en Italie, sont assimilées aux étrangers domiciliés dans le royaume. Les sociétés *anonymes* sont considérées comme nationales lorsque leur principal siège social est en Italie, et que c'est là qu'ont lieu les réunions générales. Quant aux succursales des sociétés étrangères autorisées par le gouvernement à opérer en Italie (1), elles sont assimilées aux étrangers domiciliés ou résidant en Italie, pourvu qu'en fait elles y aient un représentant muni d'un mandat général (2).

7. Sauf les restrictions que nous venons d'énoncer, l'étranger même non domicilié, ni résidant en Italie, est admis à jouir des droits civils attribués aux citoyens italiens, dans le cas même où ces derniers sont exclus de la jouissance de ces droits dans le pays de cet étranger. Le législateur italien, en effet, a voulu rendre hommage à la règle consistant à faire appliquer des principes qu'il croit justes et opportuns, sans s'inquiéter de leur adoption ou de leur rejet dans les autres États; en d'autres termes, il a voulu exclure le système de la réciprocité proclamé par d'autres législateurs, système dans lequel, en rendant le mal pour le mal, on ne fait que mettre en pratique la théorie du talion, ouvertement contraire aux principes éternels de justice.

8. Étant admise l'égalité complète et inconditionnelle de l'étranger et du national, relativement à la jouissance des droits civils, il en résulte qu'il n'est aucun droit ni aucune faculté dont les particuliers peuvent faire usage dans leurs rapports et qui leur sont concédés en matière de Droit privé, qui ne soient accordés par le législateur italien aux étrangers, au même titre qu'aux nationaux.

Dès lors un étranger, pouvant être propriétaire de biens même immobiliers situés en Italie, créancier et débiteur aux termes des lois civiles italiennes, il aura de même la faculté de se prévaloir et de faire usage de tous les moyens reconnus et sanctionnés dans la législation civile italienne pour l'acquisition et la transmission des biens, et pour la formation et l'extinction des obligations, de la preuve judiciaire des faits servant à produire cette acquisition, cette transmission de biens, cette formation ou cette extinction d'obligations. Les étrangers peuvent dès lors aussi hériter *ab intestat* des biens laissés en Italie par leurs parents italiens ou étrangers, sans distinguer l'endroit où aura eu lieu l'ouverture de la succession. Ils pourront disposer de leurs biens à quelque titre que ce soit, à titre onéreux ou

(1) Aux termes du Code de commerce italien (art. 156), les sociétés en commandite par action et anonymes ne peuvent exister qu'en vertu d'un décret royal où se trouve approuvé leur acte de constitution. (C. A.)

(2) Art. 40 (cité *supra*) du Code de la marine marchande.

bien gratuit, par acte entre vifs ou par acte de dernière volonté, et profiter des dispositions faites en leur faveur par des Italiens ou par des étrangers, aussi bien par acte entre vifs que par testament. Ils peuvent également acquérir des *hypothèques judiciaires* ou *conventionnelles* et se prévaloir aussi des *hypothèques légales* sur des biens situés en Italie, dans les cas prévus dans la loi; se prévaloir de la prescription, tant à l'effet d'acquérir la propriété, qu'à celui de se libérer des obligations.

9. L'étranger étant admis à la jouissance des droits civils, il peut se prévaloir du plus précieux et du plus important de tous, celui d'obtenir justice à l'encontre de ses débiteurs aussi bien Italiens qu'étrangers (1), de la même manière que peuvent le faire les nationaux eux-mêmes. Aussi n'est-il pas tenu de fournir la caution *judicatum solvi*, exigée aux termes de presque toutes les autres législations dans le cas où l'étranger veut actionner un national en justice. C'est à ce sujet que le ministre garde des sceaux disait dans son *rapport sur le projet du livre premier du Code civil italien présenté au Sénat* : « On imposait au demandeur étranger l'obligation de la caution; mais ne « peut-on pas être cité en justice par un national insolvable? Souvent « la demande de caution n'est qu'une arme dont se sert le défendeur « pour retarder la solution de l'instance et pour tracasser le deman- « deur. L'accroissement des moyens de communication facilite au- « jourd'hui au national la poursuite de ses droits (2). »

10. Non seulement l'étranger peut obtenir justice en requérant l'action des magistrats contre ses débiteurs, c'est-à-dire obtenir l'exercice de la juridiction contentieuse en sa faveur; mais encore il peut recourir aux magistrats ou autres autorités publiques chargées d'accomplir des actes de juridiction gracieuse et leur demander l'accomplissement en sa faveur d'actes de cette nature.

11. Les étrangers sont uniquement privés de la jouissance des droits politiques qui dérivent du Droit public et qui consistent dans la faculté pour les citoyens de participer à l'exercice de la souveraineté

(1) Les articles 105, 106 et 107 du Code de procédure civile italien ont pour objet d'établir dans quels cas un étranger peut être cité devant les tribunaux italiens. Les dispositions de ces articles se rapportent aussi bien aux cas où l'étranger est actionné par un national qu'à celui où il l'est par un autre étranger.

(2) Le ministre des affaires étrangères du Wurtemberg, en raison du fait que l'étranger n'est pas tenu en Italie de fournir la caution *judicatum solvi* dite aussi *pro expensis*, promettait, par la déclaration du 10 juin 1875, d'exempter dans son pays les sujets italiens de cette caution.

ou du pouvoir public, comme électeurs et ou comme éligibles, pour former les différents corps représentatifs de l'Etat, de la Province, de la Commune, ou comme capables d'être nommés aux fonctions et aux emplois publics. Pour être admis à jouir des droits politiques, l'étranger a besoin d'avoir obtenu sa naturalisation en Italie en vertu d'une loi. Toutefois, s'il s'agit de citoyens appartenant aux autres provinces de la péninsule qui ne font pas partie du royaume d'Italie, il suffit, pour qu'ils puissent concourir à l'élection des députés, qu'ils aient été naturalisés par décret royal et qu'ils aient prêté serment de fidélité au roi (1). Ces même citoyens jouissent de l'électorat administratif, s'il réunissent les autres conditions requises par la loi, quand même ils n'auraient été naturalisés ni en vertu d'une loi, ni d'un décret royal. Ils sont, en effet, à ce point de vue, assimilés par la loi aux citoyens italiens (2).

12. Il y a un droit, qui rigoureusement ne devrait pas être considéré comme politique, parce qu'il ne consiste pas dans la faculté d'élire ou d'être élu, de faire partie des différents corps représentatifs ou d'exercer des fonctions ou emplois publics, mais dont néanmoins ne peuvent se prévaloir les étrangers, parce qu'il ne saurait non plus être compris dans la catégorie des droits civils proprement dits. Il n'a pas en effet trait à des rapports purement privés entre particuliers. Tel est le droit de séjour sur le territoire de l'Etat, non limité par la faculté appartenant à l'autorité administrative d'ordonner l'expulsion pour des motifs de sûreté publique et par simple mesure administrative. Ce droit est désigné par certains auteurs sous la dénomination d'*incolat*, bien que ce mot signifie plus proprement l'établissement, de la part des étrangers, de leur domicile dans l'Etat. Bien que dans les procès-verbaux de la Commission de législation on n'en fasse pas mention, cependant certains membres de cette Commission nous attestent qu'il avait été entendu qu'au nombre des *droits politiques* réservés aux seuls citoyens était celui consistant à n'être pas expulsé du territoire du royaume par voie administrative et pour des raisons de sûreté publique. Il fut déclaré qu'il était évident qu'on ne pouvait, lorsque de graves circonstances ou la sûreté de l'Etat le nécessitaient, refuser au gouvernement la faculté d'expulser l'étranger : que le seul citoyen qui est membre de la société, qui constitue la nation, peut avoir le droit de séjourner dans le pays (3). Du reste, indépendamment même des délibérations

(1) Art. 1er de la loi électorale politique du 17 décembre 1860.

(2) Art 17 de la loi communale et provinciale du 20 mars 1865.

(3) Voir ouvrage intitulé *Codice del regno d'Italia confrontato coli altri codi i italiani ed esposto nelle fonti e nei motivi*, par JAC-

de la Commission, il est clair que la jouissance des droits civils attribuée aux étrangers ne peut leur conférer un droit qui par sa nature même est en dehors du Droit privé. En effet, le Droit privé a trait aux rapports entre particuliers, tandis que l'*incolat* a trait à des rapports entre les particuliers et le gouvernement, et fait dès lors partie des matières du Droit public. Si le droit d'*incolat* est essentiellement juste et nécessaire lorsqu'il s'applique aux citoyens, il deviendrait essentiellement injuste et dangereux s'il était étendu aux étrangers, car il aurait pour effet de leur continuer une hospitalité qui serait dangereuse pour la sûreté et pour les plus graves intérêts de l'Etat.

13. Dans la loi du 20 mars 1865 sur la sûreté publique, qui est antérieure au Code civil italien, dont la publication n'a eu lieu que le 25 du mois de juin suivant, on refuse expressément le droit d'*incolat* aux étrangers qui ont été condamnés pour oisiveté ou vagabondage, ou pour délits contre la propriété, et on prescrit qu'après l'expiration de leur peine ces individus pourront être, par les soins de l'autorité politique, conduits à la frontière pour être expulsés. Dans le cas où il n'est pas possible de connaître la nationalité de ces individus et par conséquent la frontière à laquelle ils doivent être conduits, l'autorité politique peut leur fixer un lieu de résidence forcée, jusqu'à ce qu'elle puisse procéder à leur expulsion (1).

14. Une fois naturalisé en Italie l'étranger devient citoyen et acquiert le droit d'*incolat*. La Commission de coordination a déclaré

QUES ASTENGO et par d'autres membres de la Commission de législation, t. I, observations sur l'art. 3.

(1) Art. 73 de la loi de sûreté publique du 20 mars 1865.

En France, l'expulsion de l'étranger se trouve réglée par la loi du 3 décembre 1849 sur la naturalisation (art. 7-9) et par l'art. 272 du Code pénal. D'après ce dernier article, les étrangers condamnés pour vagabondage peuvent être expulsés par l'autorité administrative. D'après la loi de 1849, le ministre de l'intérieur et le préfet dans les départements frontières peuvent faire expulser tout étranger non résidant. Le préfet doit alors en référer immédiatement au ministre de l'intérieur. Le ministre de l'intérieur pourra même expulser l'étranger autorisé à fixer son domicile en France, mais après deux mois la mesure cessera de produire effet si l'autorisation n'a pas été révoquée par décret délibéré par le Conseil d'Etat. L'étranger qui se soustrait à l'expulsion ou qui, après l'expulsion, rentre en France est passible d'un mois à six mois de prison.

Cette procédure, toute sommaire, n'offre aucune garantie à l'étranger. Aussi, à notre sens, y aurait-il lieu de modifier sur ce point notre législation et de donner au pouvoir judiciaire, statuant par décision contradictoire, l'autorité qui, en cette matière, appartient exclusivement au pouvoir administratif. (C. A.)

que ce droit est acquis même par suite de la naturalisation par décret royal (1).

15. Il est à remarquer que, bien que l'étranger ait en Italie la jouissance des droits civils, néanmoins, ainsi que nous le verrons dans la seconde partie de cette étude, il reste soumis à sa loi nationale pour tout ce qui a trait à son état et à sa capacité personnelle (2).

De là, il s'ensuit nécessairement qu'une partie considérable et très importante des droits civils admis et réglés dans la législation italienne peuvent ne pas appartenir aux étranger, être réglés à leur égard par d'autres principes, être soumis à d'autres conditions, ou bien différer dans leurs effets. Ainsi, par exemple, le droit de contracter mariage à un âge déterminé, ou malgré telle ou telle autre circonstance, le droit de reconnaître ou de légitimer les enfans nés hors du mariage, celui d'adopter, celui de la puissance paternelle avec tous les attributs qui en dépendent, celui de devenir majeur à un âge déterminé, etc., sont indubitablement des *droits civils*. Néanmoins ces droits pourront être très-différents pour le national italien et pour l'étranger; ils pourront appartenir à l'un et être refusés à l'autre, ou bien être réglés différemment tant relativement aux conditions de leur existence, que relativement à celles de leurs effets légaux.

16. Le principe libéral consacré par le législateur italien relativement aux étrangers se comprend d'autant mieux qu'on le compare aux règles consacrées dans les législations des autres pays. Pour ne pas être trop long, nous nous bornerons à examiner la doctrine qui est consacrée dans la législation française, et qui a été admise par d'autre nations.

Aux termes de l'article 11 du Code civil, « l'étranger jouira en « France des mêmes droits civils que ceux qui sont ou seront accor- « dés aux Français *par les traités* de la nation à laquelle cet étran- « ger appartiendra. » Cet article dans sa généralité comprend même les droits de succession, et du reste il se trouvait appliqué formellement à cette matière dans les articles 796 et 912, aux termes desquels le droit d'*aubaine*, déjà condamné par Montesquieu comme un *droit insensé*, et repoussé solennellement par l'Assemblée constituante par le décret du 6 août 1790, était en partie

(1) Procès-verbaux (*cit. supra*), p. 40.

(2) Article 6 des dispositions préliminaires du Code civil italien dont voici la traduction littérale :

« L'état et la capacité des personnes et les rapports de famille sont réglés par la loi de la nation à laquelle elles appartiennent. (C. A.)

remis en vigueur. Aux termes de l'article 796, l'étranger n'était admis à succéder aux biens que le défunt possédait en France que dans les cas et aux mêmes conditions qu'un Français succédant à un parent en pays étranger, conformément aux dispositions de l'article 11. Enfin l'article 912 consacrait les mêmes principes relativement aux dispositions de dernière volonté faite par les Français en faveur des étrangers.

Mais on ne tarda pas à reconnaître que le système de la réciprocité diplomatique consacré dans le Code civil détournait les étrangers de faire des acquisitions en France, que par conséquent il constituait un obstacle à la grande circulation des capitaux, aux progrès du commerce et de l'industrie. Aussi, par la loi du 14 juillet 1819, fit-on disparaître les dernières traces du droit d'*aubaine* rétabli en partie dans le Code civil, bien qu'on eût évité d'employer cette dénomination. En effet, aux termes de la nouvelle loi, on donna aux étrangers le droit de disposer et de succéder de la même façon qu'aux Français. Toutefois on y établit une restriction, en prescrivant que, dans le cas de division entre des cohéritiers français et étrangers, les premiers pourraient prélever sur les biens situés en France une partie égale à la valeur des biens existant en pays étranger dont ils seraient exclus à quelque titre que ce fût en vertu des lois et des coutumes locales. Quant aux autres droits civils on a laissé subsister la disposition de l'article 11 du Code civil. Toutefois, aux termes de l'article 13 du même Code, la participation à la jouissance des autres droits civils est mise facilement à la portée de l'étranger, auquel il suffit pour cela d'être autorisé par le chef de l'Etat à résider en France.

Aux termes de la législation française, il ne suffit pas, pour qu'un étranger soit capable d'exercer un droit civil donné, que les Français puissent exercer ce même droit dans le pays de ce même étranger en vertu des lois dudit pays; il faut encore que cette faculté soit concédée aux Français, en vertu d'un traité conclu entre cet Etat et la France. En effet, aux termes du Code civil, la réciprocité de fait n'est pas suffisante, la réciprocité diplomatique étant formellement requise. De là, un étranger non autorisé par le chef de l'Etat à résider en France n'est pas admis à jouir des droits civils (1).

(1) Dans le Code Charles Albert (royaume de Sardaigne) et dans celui des Deux-Siciles, on admettait comme règle générale le système de la réciprocité de fait. Les cas exceptionnels dans lesquels on exigeait la réciprocité diplomatique avaient trait uniquement aux jugements et aux hypothèques.

Au contraire, en Italie, l'étranger est inconditionnellement assimilé au national pour la jouissance des droits civils. Il peut dès lors se faire que cette assimilation ait lieu quoique le national italien ne jouisse pas des mêmes droits dans le pays auquel appartient l'étranger.

17. Cependant, comme le système de la réciprocité simple est actuellement en vigueur presque partout, il en résulte que les Italiens seront admis à la jouissance des droits civils dans les pays où ce système a prévalu, et que pour établir la réciprocité ils n'auront qu'à produire le texte du Code civil italien.

Du reste l'abolition du droit d'*aubaine*, du droit de *détraction* et autres droits analogues en vigueur relativement aux étrangers, avait été consacrée dans divers traités, ou avait été l'objet de déclarations diplomatiques entre le royaume de Sardaigne et les puissances étrangères.

Le royaume d'Italie ayant succédé au royaume sarde, dans les traités conclus entre lui et les mêmes puissances, on consacra le principe reconnu dans la législation italienne. De telle sorte, que l'on assura aux italiens le même traitement à l'étranger que celui dont jouissent les étrangers en Italie (1).

18. Ce principe, étant général, s'applique aussi bien aux personnes juridiques qu'aux personnes naturelles, c'est-à-dire à tous les corps moraux légalement reconnus à l'étranger. Ces corps dès lors jouiront en Italie des droits civils attribués aux citoyens et partant seront capables de posséder et d'être propriétaires, d'acquérir de toutes les façons reconnues en Droit civil, et pourront agir en justice et s'y défendre, etc.

19. Dans les traités internationaux en vigueur entre l'Italie et les puissances étrangères cela est expressément établi relativement aux sociétés commerciales, industrielles, financières formées en conformité des lois de l'un des Etats contractants. Ces sociétés sont admises à faire valoir sur le territoire de l'autre Etat leurs droits, notamment celui d'agir en justice, soit comme demanderesses, soit comme

(1) Traités de commerce et de navigation conclus par le royaume d'Italie avec le Vénézuéla, le 19 juin 1861, art. 4; avec la Belgique, le 9 avril 1863, art. 3; avec Costa-Rica, le 14 avril 1863, art. 2; avec la Grande-Bretagne, le 16 août 1863, art. 16; avec la Russie, le 16-28 septembre 1863, art. 3; avec l'Uruguay, le 7 mai 1866, art. 4; avec l'Autriche, le 23 avril 1867, art. 4; avec le Nicaragua, le 6 mars 1868, art. 17 et 18; avec le Honduras, le 31 décembre 1868, art. 18; avec le Guatemala, le même jour, art. 12; avec la Tunisie, le 9 septembre 1868, art. 19; avec les Etats-Unis d'Amérique, le 26 février 1871, art. 22 et 23; avec le Pérou, le 23 décembre 1874, art. 16.

défenderesses, pourvu qu'elles se conforment aux dispositions des lois locales (1).

§ 2. — *Devoirs de l'étranger.*

SOMMAIRE : 20. L'étranger est soumis aux lois pénales de police et de sûreté publique.

21. Il l'est encore aux règlements de police, d'hygiène et d'édilité qui émanent légalement des autorités communales.

22. Un étranger nouvellement arrivé dans une commune peut-il alléguer son ignorance de tels règlements de manière à se soustraire aux peines encourues en cas de violation?

23. Les étrangers ne sont pas assujettis aux lois sur le service militaire en vigueur dans le pays où ils séjournent.

24. Dispositions de la loi italienne relatives à cette exemption.

25. Cette même exemption est consacrée dans les traités internationaux en vigueur entre l'Italie et certaines nations étrangères et aux termes desquels les étrangers sont dispensés aussi de toute fonction judiciaire, administrative et municipale, du logement militaire de toute espèce.

26. Extension de l'exemption et de la dispense mentionnées dans les paragraphes précédents en vertu de la clause du traitement de la nation la plus favorisée insérée dans les traités de commerce et de navigation conclus par le royaume d'Italie avec d'autres puissances.

27. Exemption pour les étrangers de la charge des emprunts forcés.

28. Au contraire ils sont soumis aux lois sur les impôts directs et indirects.

29. Disposition consacrée dans la législation italienne relativement au paiement par les étrangers de l'impôt sur les revenus de la richesse mobilière.

30. Dispositions relatives aux corps et établissements de main morte ayant leur siége à l'étranger relativement aux revenus par eux perçus en Italie.

31. Dispositions des lois sur les droits du timbre relativement aux actes et peines écrits en pays étranger.

32. Dispositions des lois sur les taxes d'enregistrement relativement aux actes rédigés à l'étranger et concernant des biens immobiliers situés en Italie.

---

(1) Traités de commerce et de navigation conclus par l'Italie avec la Belgique, le 9 avril 1863, art. 4; avec la Suisse, le 22 juillet 1868, art. 16; avec la Tunisie, le 8 septembre 1868, art. 18. Déclarations échangées avec la Russie, le 8 novembre 1866; avec la Hollande, le 11 avril 1868; avec l'empire Austro-Hongrois, le 19-21 janvier 1869; avec la Saxe, le 28 avril 1869; avec la Grèce, le 28 février-13 mars 1871; avec l'empire d'Allemagne, le 8 août 1873.

20. Une fois la condition juridique de l'étranger déterminée relativement à la jouissance de ses droits civils, avant de voir par quelle loi est réglée cette jouissance, c'est-à-dire de déterminer les principes consacrés dans la législation italienne pour résoudre les questions qui surgissent continuellement en raison de la diversité des dispositions des différents pays relatives aux rapports pour lesquels l'homme est soumis à l'empire de la loi, il faut voir quelles sont les obligations auxquelles est assujetti l'étranger aux termes de cette même législation.

Dans la législation italienne se trouve consacré le principe admis dans le Droit public de toutes les nations, que les lois pénales, de police et de sûreté publique sont obligatoires pour tous les individus qui se trouvent sur le territoire du royaume, sans distinguer s'ils sont étrangers ou nationaux (1). Ces lois, en effet, ont pour but de sauvegarder l'ordre social, but qui ne pourrait être atteint s'il existait des personnes qui en s'abritant derrière leur qualité d'étrangers pourraient impunément troubler l'ordre. D'autre part, il serait singulier que l'Etat qui donne aux étrangers qui se trouvent sur son territoire les mêmes garanties qu'aux citoyens, en réprimant également les délits commis contre les uns et les autres, ne puisse exiger des premiers la même obéissance à ses lois que de la part des seconds : *commoda qui sentit et incommoda sentire debet*.

21. Cette soumission relative aux lois pénales, aux lois de police et de sûreté publique doit s'étendre aussi aux règlements rendus en matière de police urbaine et rurale, d'hygiène et d'édilité attribués par la loi aux autorités communales (2). Un étranger ne pourrait pas dès lors se soustraire à ces règlements et devrait être traduit devant les autorités judiciaires.

22. Il peut se faire qu'un étranger, nouvellement arrivé dans une commune, ignore l'existence d'un règlement local. Peut-il alors en alléguer l'ignorance pour se soustraire aux pénalités édictées dans le cas d'infraction dudit règlement ?

L'ignorance des lois et règlements n'étant pas un motif valable d'excuse, en raison de la présomption *juris et de jure*, que tout le monde est censé connaître les unes aussi bien que les autres, présomption applicable aussi bien aux citoyens qu'aux étrangers, il est dès lors évident que la réponse à cette question doit être négative.

Toutefois, lorsqu'il s'agit de règlements, ordonnances ou disposi-

(1) Art. 11 des dispositions préliminaires du Code civil italien ainsi conçu : « Les lois pénales et de police et de sûreté publique obligent « tous ceux qui se trouvent sur le territoire du royaume. »

(2) Art. 87, n° 6 de la loi communale et provinciale du 20 mars 1865.

tions locales absolument spéciales, et dont on ne peut trouver d'exemple en aucun autre lieu, l'équité exige qu'on tienne compte de l'ignorance de ces actes, à cause de l'impossibilité où se trouvait l'étranger à peine arrivé dans un pays de se soumettre à des dispositions qui, procédant de circonstances particulières, ne sont pas communes à toutes les nations civilisées : *impossibilium nulla est obligatio*. Dalloz rapporte une décision de la Cour de cassation française, dans laquelle une telle exception se trouve consacrée relativement à l'obligation pour l'étranger de se soumettre aux règlements locaux. Dans cette espèce, aux termes d'un règlement de police urbain, il était prescrit que toutes les voitures de transport et les charrettes devraient avoir un long timon et une plaque sur l'un des côtés. Supposons qu'un étranger arrive dans une ville où un semblable règlement est en vigueur avec une voiture ayant la forme défendue aux termes de ce règlement ; comme c'est par une sorte de force majeure qu'il l'a enfreinte, en raison de l'impossibilité de le connaître, il ne pourrait lors de sa première entrée dans la ville être condamné pour contravention (1). Du reste, cette décision serait aussi applicable à un national qui arriverait nouvellement dans cette même ville, car il pourrait tout aussi bien invoquer sa bonne foi.

23. Il y a d'autres lois, outre celles que nous venons d'indiquer, qui peuvent aussi être applicables aux étrangers. Ils ne sont pas certainement soumis aux lois sur le service militaire en vigueur dans le pays où ils séjournent. Il serait en effet injuste d'obliger une personne à s'acquitter de ce service envers une nation étrangère; car ce serait le mettre dans la nécessité de déserter ou de porter les armes contre sa patrie. Du reste le service militaire constitue une obligation essentiellement politique, puisqu'il s'agit de faire partie de la force publique d'un pays pour le défendre contre ses ennemis intérieurs et extérieurs. Aussi une telle obligation ne saurait-elle etre imposée aux étrangers, parce que, étant exclus de la jouissance des droits politiques, ils doivent, par réciprocité, être exemptés de l'accomplissement des devoirs politiques.

24. Dans les lois sur le recrutement de l'armée de terre et de la marine du royaume d'Italie, on déclare expressément que sont seulement soumis au recrutement tant pour l'armée que pour la flotte les seuls citoyens de l'Etat (2), et par suite on en exempte les étrangers.

(1) DALLOZ, *Répertoire*, v° contravention.

(2) Art. 5 du texte unique des lois sur le recrutement militaire recueillies et coordonnées par l'effet du décret royal du 26 juillet 1876; art. 3 de la loi sur le recrutement de la marine militaire du 18 août 1871. De

25. Cette exemption se trouve du reste consacrée dans le Droit international conventionnel en vigueur entre l'Italie et plusieurs pays étrangers, et d'après lequel on garantit aussi aux étrangers la dispense de toute fonction judiciaire, administrative ou municipale, de logement militaire, de toutes les contributions de guerre, réquisitions ou prestations militaires de toute nature. Toutefois, il est fait une exception relativement aux charges attachées à la possession ou à la location d'immeubles et aux prestations et réquisitions militaires, auxquelles tous les habitants du pays seraient appelés à contribuer en qualité de propriétaires ou de fermiers (1).

26. Du reste, en vertu de la clause qui est insérée dans les traités de commerce et de navigation conclus par le royaume d'Italie avec les autres Etats, et par laquelle on garantit aux sujets respectifs la jouissance de toutes les immunités, de tous les privilèges déjà concédés ou qui seraient consentis dans la suite aux nationaux d'un autre pays, en d'autres termes, en vertu de la clause par laquelle on garantit le traitement de la nation la plus favorisée, l'exemption de toutes les charges dont il vient d'être parlé pourrait être réclamée par tous les étrangers résidant en Italie à quelque nation qu'ils appartiennent, et réciproquement par les Italiens résidant à l'étranger.

27. Par suite de cette clause, l'exemption de la contribution aux emprunts forcés, stipulée en vertu de déclarations échangées entre le gouvernement italien et certains gouvernements étrangers en faveur de leurs nationaux respectifs (2), devra être étendue en Italie aux citoyens des autres Etats avec lesquels est stipulée la clause de la nation la plus favorisée, et réciproquement aux Italiens résidant sur le territoire de ces mêmes Etats. De tels emprunts sont contractés pour pourvoir aux besoins extraordinaires de la nation; dès lors il

---

même, aux termes de la loi du 4 mars 1848 sur la garde nationale, les sujets de l'Etat en faisaient seuls partie.

(1) Traités de commerce et de navigation conclus par le royaume d'Italie avec la Vénézuéla, le 19 juin 1861, art. 4; avec la Belgique, le 9 avril 1863, art. 5; avec la Russie, le 16-28 septembre 1863, art. 4; avec l'Autriche, le 23 avril 1867, art. 3; avec le Mexique, le 4 décembre 1870, art. 14; avec le Pérou, le 23 décembre 1874, art. 17. Déclarations échangées par le gouvernement italien avec le gouvernement français, le 21 février 1868; avec le gouvernement danois, le 7 octobre 1868.

(2) Déclarations échangées par le gouvernement italien avec le gouvernement de la Suède et Norwége, le 20 novembre 1866; avec le gouvernement français, le 21 février 1868; avec le gouvernement danois, le 7 octobre 1868; avec la Confédération de l'Allemagne du Nord, les 15-19 mars 1869. Cette exemption fut aussi stipulée dans le traité de commerce et de navigation avec le Vénézuéla, du 19 juin 1864, art. 4.

est juste que les étrangers en soient exempts et qu'ils demeurent uniquement à la charge des citoyens. C'est du reste pour cette raison qu'on a qualifié ces emprunts d'emprunts nationaux. Telle fut notamment la dénomination de l'emprunt forcé décrété par le gouvernement italien en 1866, à l'occasion de la guerre contre l'Autriche, pour la réunion de la Vénétie, en vertu des pleins pouvoirs que lui avait conférés le Parlement, et aux termes desquels il était autorisé à pourvoir même par des mesures extraordinaires aux besoins du Trésor. Le ministre des finances décida que l'exemption de cet emprunt, appartenant de plein droit aux étrangers avec les gouvernements desquels il existait des conventions dans lesquelles était stipulé l'exemption des emprunts forcés, devait être étendue aux sujets des Etats avec lesquels était stipulé le traitement de nation la plus favorisée, à condition toutefois que les légations respectives fissent parvenir au gouvernement italien une déclaration officielle dans laquelle les gouvernements qu'elles représentaient déclareraient qu'ils observeraient, dans les mêmes cirsonstances, la règle de la réciprocité au profit des Italiens résidant sur leurs territoires.

28. Au contraire les étrangers sont soumis aux lois sur les impôts, aussi bien directs qu'indirects. Ces impôts étant exigés pour subvenir aux dépenses ordinaires qui sont nécessaires pour la bonne administration de l'Etat, il est juste qu'ils soient payés par les étrangers, qui sont protégés à l'égal des citoyens pour les biens qu'ils possèdent, pour les industries et professions qu'ils exercent, pour les actes de la vie civile auxquels ils participent ou qui sont accomplis en leur faveur. Il serait certainement bizarre que, tandis que les nationaux doivent rémunérer le service qui leur est rendu par l'Etat par cette protection, les étrangers au contraire en jouissaient gratuitement.

C'est pour cela que dans le Droit international conventionnel on se borne à prescrire que les sujets des parties contractantes ne pourront, en raison de leurs biens personnes et de leurs mobiliers et immobiliers, être soumis à d'autres taxes ou impôts que ceux auxquels seront soumis les nationaux (1).

29. Nous allons maintenant donner un aperçu sur les dispositions de la législation italienne relative aux impôts que doivent payer les étrangers et relatives aux actes rédigés à l'étranger.

L'étranger a été déclaré passible, à l'égal du national, de l'impôt sur les revenus de la richesse mobilière qu'il possède en Italie. Il doit payer cet impôt au lieu où se trouve située sa principale habitation. S'il ne demeure pas en Italie, on considérera comme sa de-

(1) Voir les traités cités dans les notes précédentes.

meure le lieu où le revenu est produit, ou bien celui où se trouve la caisse à laquelle a eu lieu le paiement, ou bien le lieu où son débiteur est taxé pour son propre compte (1).

Il n'est donc pas besoin que l'étranger ait son domicile ou sa résidence en Italie pour qu'il soit passible de l'impôt sur les revenus de la richesse mobilière qui se produisent dans ce pays. En effet, par cet impôt on frappe la richesse mobilière elle-même, de même que par l'impôt sur les terrains et par celui sur les bâtiments on frappe la propriété immobilière elle-même; c'est pourquoi aussi bien les premiers que les seconds impôts sont dus par tous les propriétaires des biens imposés, quel que soit leur domicile ou leur résidence.

Du reste, la condition du domicile ou de la résidence n'étant pas exigée pour la jouissance des droits civils, il est juste qu'en retour des avantages concédés, indépendamment de cette condition de résidence ou de domicile, l'étranger supporte sa part des charges imposées aux membres de la nation. En effet, les hommes ne doivent pas se considérer comme frères, uniquement dans le cas où il s'agit de prendre place au banquet commun; et renier ensuite leur fraternité lorsqu'ils sont appelés à en payer les frais.

Sans doute, ainsi que nous le verrons dans la seconde partie de cette étude, le législateur italien a consacré le principe que les biens mobiliers sont soumis à la loi de la nation du propriétaire de ces biens; dès lors on ne devrait faire l'application à l'étranger que des seules lois relatives à l'impôt sur les terrains et à celui sur les bâtiments par application des principes consacrés aux termes de la même législation, que les immeubles sont régis d'après les lois du lieu où ils sont situés (2). Mais il est à noter que s'il est disposé que l'on doit appliquer aux biens meubles la loi nationale du propriétaire, on a ajouté — *sauf les dispositions contraires de la loi du pays dans lequel ils se trouvent* — (3).

Or, il résulte de la discussion au sein de la Commission de coordination qu'en établissant cette exception on prit en considération,

---

(1) Art. 2 et 13 du texte unique des lois de l'impôt sur les revenus de la richesse mobilière, approuvé par décret royal du 24 août 1877.

(2) Art. 7 des dispositions préliminaires du Code civil italien.

(3) Voici la traduction littérale de cet article 7 :

« Les biens meubles sont soumis à la loi de la nation du propriétaire,
« sauf les dispositions contraires de la loi du pays dans lequel ils se
« trouvent.

« Les biens immobiliers sont soumis aux lois du lieu où ils sont
« situés. » (C. A.)

entre autres lois, celle sur la richesse mobilière, de laquelle on dit qu'elle devait avoir pour résultat de frapper tous les biens qui se trouvent matériellement dans l'Etat (1).

Toutefois, on exempta de l'impôt les agents diplomatiques des nations étrangères, et aussi les agents consulaires non régnicoles, ni naturalisés, pourvu qu'ils ne se livrassent dans l'Etat à aucun commerce ni à aucune industrie, et pourvu qu'il y eût réciprocité de traitement dans les Etats dont ils dépendaient, et sauf les conventions consulaires spéciales (2).

L'impôt dont nous nous occupons se recouvre par une retenue directe opérée par l'Etat, ou bien à l'aide de rôles nominatifs rédigés par les agents financiers. Dans le premier système, le recouvrement a lieu au moment où sont opérés les paiements respectifs. Ce mode de recouvrement s'applique aux traitements des fonctionnaires, aux retraites et aux autres paiements fixes et personnels faits par le Trésor pour le compte de l'Etat; aux rentes provenant de titres de la dette publique, soit nominatifs, soit au porteur, et sur les sommes payées par l'Etat comme primes gagnées à la loterie royale, sur les primes des emprunts émis par l'Etat ou pour le compte de l'Etat par quelque personne que ce soit et en quelque lieu que ce soit, aussi bien en Italie qu'à l'étranger. Il a été ensuite établi que l'exemption en faveur des agents diplomatiques ou consulaires n'est pas admise pour les revenus de la richesse mobilière dérivant de titres, soit nominatifs, soit au porteur, sur lesquels l'impôt est perçu par une retenue directe (3).

Pour tous les autres revenus différents de ceux que nous venons d'indiquer, l'impôt se recouvre au moyen de rôles nominatifs, qui sont dressés à la suite des déclarations faites par les contribuables (4).

Dès lors, les étrangers sont assujettis à l'impôt mobilier sur les rentes de la dette publique, soit nominatives, soit au porteur, et le législateur n'en a pas même exempté les agents diplomatiques ou consulaires des nations étrangères, cette exemption n'étant pas nécessaire pour l'exercice de leurs fonctions.

---

(1) Voir les *Procès-verbaux de la Commission pour la coordination des dispositions du Code civil*, p. 627. Voir aussi mon ouvrage intitulé : *Il principio di nazionalità applicato alle relazioni civili internazionali*, cap. 5, Pavia, 1868.

(2) Art. 7 du texte unique cité plus haut. Voir mon ouvrage intitulé : *Diritto diplomatico e giurisdizione internazionale marittima* vol. I, tit. 5, cap. 3, § 310 et vol. II, parte, 2a, cap. 3, § 112.

(3) Art. 10 et 11 combinés avec l'art. 7 du texte unique précité.

(4) Art. 12, 13 et suiv.

La retenue sur les titres de la rente publique fut pour la première fois établie par la loi du 7 juillet 1868. Cependant, auparavant, ces titres étaient déjà soumis à l'impôt sur les revenus de la richesse mobilière, car dans la loi organique sur cet impôt du 14 juillet 1864, on considérait comme imposable toute espèce de revenu non foncier qui était produit dans l'Etat, ou qui était dû par des personnes domiciliées ou résidant dans l'Etat (1).

En fait, cependant, les rentes inscrites sur le grand-livre n'étaient pas soumise à l'impôt, parce qu'il n'était recouvré que d'après les déclarations des revenus, déclarations qui n'étaient pas faites par les créanciers de l'Etat, et notamment par les propriétaires de titres au porteur. Aussi par la loi de 1868 introduisit-on le système de la retenue directe opérée par l'Etat pour les arrérages de la dette publique.

Lors de la discussion à la Chambre des députés de cette dernière loi, le ministre des finances Scialoia proposa d'exempter de la retenue les rentes nominatives inscrites au nom des étrangers non domiciliés ni résidant en Italie. Mais cette proposition fut repoussée, et l'on adopta le système contraire consistant à faire la retenue à tous les détenteurs de titres de la dette publique, soit nominatifs soit au porteur. A notre sens, une telle disposition n'est pas contraire aux principes de justice internationale; car si la résidence de l'étranger n'est pas une condition nécessaire pour qu'il soit soumis à l'impôt sur les revenus qui sont produits en Italie, par réciprocité il jouit chez nous des droits civils sans être tenu à la résidence en Italie. Il n'y a pas du reste de motif, tandis que les intérêts d'une somme prêtée en Italie par un étranger résidant hors de nos frontières donnent lieu à l'impôt, pour que l'on en exempte ce même individu à raison des arrérages des sommes qu'il a prêtées à l'Etat italien.

Sans doute dans la loi constitutive du grand-livre de la dette publique du royaume d'Italie on déclarait que les rentes qui y seraient inscrites ne pourraient jamais à aucune époque, pour quelque motif que ce fut, être soumise à aucun *impôt spécial* (2). Mais cette disposition, en parlant d'un *impôt spécial*, ne saurait être un obstacle à ce que les titres de la dette publique soient frappés d'un impôt général établi sur tous les revenus du pays, tel que celui auquel a été soumise la richesse mobilière, lorsqu'on a voulu la faire ainsi contribuer, aussi bien que la fortune immobilière, aux dépenses nécessaires pour la bonne administration de l'Etat. C'est du reste

(1) Art. 6 de cette loi auquel correspond l'art. du texte unique précité.
(2) Art. 3 de la loi du 10 juillet 1861.

de cette façon que partout on a interprété les lois par lesquelles on déclarait exempter d'impôt spécial les arrérages de la dette publique (1).

Qu'on ne vienne pas dire que de cette façon le débiteur fait la loi à son créancier, parce que, si l'Etat d'une part est débiteur de la rente par lui promise, d'une autre part il est souverain, et en cette qualité il a le droit de consacrer toutes les mesures nécessaires pour son existence, parmi lesquelles se trouvent les impôts (2).

L'argument invoqué par le ministre Scialoia au Sénat pour combattre le projet n'est pas davantage concluant, lorsqu'il prétendait que ce mode de recouvrement de l'impôt lui attribuait un caractère différent des autres contributions et en faisait ainsi un impôt spécial, parce qu'en effet le recouvrement de l'impôt pour les autres revenus avait lieu au moyen de rôles nominatifs dressés par les agents financiers à la suite des déclarations des contribuablss. On doit en effet remarquer que lorsque l'Etat perçoit à l'aide du système de la retenue l'impôt sur les titres de la dette publique, il ne les frappe réellement pas d'un impôt spécial, pas plus que dans le cas où il applique le même système de la retenue au traitement des fonctionnaires, aux pensions et autres sommes payées par le Trésor pour le compte du fisc (*per conto erariale*). Il ne fait en effet, dans ce cas, pour obtenir le paiement d'un impôt général qu'user du droit de compensation accordé à tout débiteur, qui est en même temps investi de la qualité de créancier. C'est un principe consacré dans toutes les législations et conforme à la raison que la compensation a lieu de plein droit, et même à l'insu des débiteurs, au moment même de la coexistence des deux dettes, qui s'éteignent réciproquement pour les quantités correspondantes, pourvu qu'elles aient pour objet une somme d'argent ou une quantité de choses de la même espèce, qui peuvent dans les paiements tenir lieu les uns des autres, et qui sont également liquides et exigibles (3). Comment dès lors pourrait-on refuser à l'Etat la faculté de recouvrer moyennant compensation, au moment du paiement de la rente par lui con-

(1) N'est-ce pas aussi un peu parce que partout dans ce cas les Etats intéressés étaient juges dans leur propre cause, ce qui n'est pas précisément une circonstance favorable pour l'interprétation impartiale d'une convention. (C. A.)

(2) Mais le caractère de souverain peut-il à ce point primer celui de débiteur? Ce caractère de souverain primant celui de débiteur a, ce nous semble, quelque analogie avec le droit du plus fort, en vertu duquel, de gré ou de force, on rompt un traité. (C. A.)

(3) Art. 1286, 1287 C. civ. italien et art. 1290-1291 C. civ. français.

venue, ce qui lui est dû à titre d'impôt? Qu'on ne crée pas de privilège en faveur de l'Etat : mais qu'on ne viole pas non plus à son détriment le principe de l'égalité juridique, et qu'on ne le mette pas dans une condition inférieure à celle des particuliers, en lui refusant l'exercice des droits qui appartiennent à ces derniers. Ainsi la retenue n'est qu'un simple mode de recouvrement, qui ne peut pas avoir pour effet de changer la nature de l'impôt.

30. Aux termes de la loi du 30 septembre 1874, d'après laquelle tous les corps moraux et établissements de main morte sont soumis à une taxe proportionnelle au revenu réel ou présumé de tous les biens, meubles et immeubles qui leur appartiennent et qui sont l'objet des taxes d'enregistrement en cas de transmissions à cause de mort, on déclare passibles d'une telle taxe, même les corps ou établissements de main morte de toute nature ayant leur siège à l'étranger, pour les revenus par eux perçus en Italie (1).

31. Les lois sur les taxes de timbre contiennent des dispositions relatives aux actes ou écrits provenant d'un territoire étranger. Il est prescrit que ces actes ou écrits sont soumis à la taxe du timbre, s'ils sont de telle nature qu'en Italie ils devraient être rédigés sur papier timbré, toutes les fois qu'on en fait usage, en les représentant à un fonctionnaire ou à un officier public pour leur faire produire effet, ou en en effectuant la remise ou la transmission de quelque manière que ce soit en Italie, même entre particuliers. On a en outre déclaré passibles de la même taxe les lettres de change, les billets à ordre en argent ou en denrées, ainsi que les autres effets de commerce tirés à l'étranger, s'ils sont payables en Italie. La taxe est due même lorsque de tels effets sont simplement présentés, livrés, transmis, quittancés, endossés, garantis par un aval, ou autrement négociés en Italie (2).

32. Enfin dans les lois sur les taxes d'enregistrement, on dispose que les actes passés à l'étranger doivent être soumis à l'enregistrement, quand ils contiennent des transmissions de propriété, d'usage ou de jouissance de biens immobiliers situés en Italie, ou des créations sur ces mêmes biens de servitudes, d'hypothèques ou d'autres charges, des locations, sous-locations, renouvellements ou reconditions, cessions, rétrocessions ou résolutions de locations de biens immobiliers pareillement situés en Italie. L'enregistrement doit se faire à la diligence des parties intéressées dans le délai de six ou de dix-huit mois, suivant qu'il s'agit d'actes passés en Europe

(1) Art. 3 de cette loi.

(2) Art. 2, nº 4, art. 3, nº 2 du texte unique des lois sur les taxes du timbre, texte approuvé par décret royal du 13 septembre 1874.

ou hors d'Europe. Sont aussi compris au nombre des actes rédigés à l'étranger les jugements des consuls italiens. Ces jugements doivent être enregistrés dans le même délai de six ou de dix-huit mois, quand ils ont pour effet d'opérer l'une des transmissions ou des obligations que nous venons d'indiquer, relativement aux immeubles situés en Italie. Les sentences des tribunaux étrangers doivent être déclarées et enregistrées en même temps que la décision par laquelle la Cour ou le Tribunal italien les ont rendues exécutoires, et par les soins du greffier de cette Cour ou de ce Tribunal. Tous les autres actes de toute sorte passés à l'étranger doivent également être préalablement enregistrés à la diligence des parties intéressées, avant d'être produits en justice, d'être insérés dans les actes reçus par les greffiers des tribunaux ou dans les actes rédigés par des employés d'administration ou des établissements publics.

(Fin de la première partie.)

PIETRO ESPERSON,
Professeur de droit international à l'Université de Pavie,
Membre de l'Institut de Droit international.

Traduction et notes de M. CHARLES ANTOINE, *docteur en droit, substitut du procureur de la République près le tribunal de Vouziers.*

Paris. — Typ. A. PARENT, rue Monsieur-le-Prince, 29-31.

Le *Journal du Droit International privé et de la Jurisprudence comparée* publié avec le concours de plusieurs jurisconsultes français et étrangers, par M. CLUNET, avocat à la Cour de Paris, paraît tous les *deux mois* par livraisons de six à huit feuilles in-8°, et forme à la fin de l'année un fort volume avec cinq tables : Table des articles, analytique, chronologique, des noms des parties et bibliographique.

Tout ce qui concerne l'*Administration* et les *Abonnements* doit être adressé à MM. MARCHAL, BILLARD et Cie, libraires de la Cour de Cassation, 27, place Dauphine, à Paris.

PRIX DE L'ABONNEMENT POUR UN AN :

FRANCE et COLONIES : 12 fr. 50 c.

ALLEMAGNE : 12 Mark.

ANGLETERE : 12*s*. 6*d*.

PAYS (faisant partie de l'Union postale) : 15 fr.

PAYS (ne faisant pas partie de l'Union postale) : 15 fr. et le port en sus.

Les années 1874, 1875, 1876, 1877 et 1878, avec tables, sont en vente.
Prix de chaque année : France, 12 fr. 50 — Étranger, 15 fr.
Les années 1874, et 1875 (rares) se vendent 20 fr. chacune.

On s'abonne directement chez MM. Marchal, Billard et Cie, 27, place Dauphine, à Paris.

CORRESPONDANTS DU JOURNAL :

ALLEMAGNE, AUTRICHE-HONGRIE, SUISSE (Langue allemande) : Puttkammer et Mühlbrecht à *Berlin*.
ANGLETERRE; *Londres* : Stevens et Sons.
BELGIQUE; *Bruxelles* : Decq et Duhent.
DANEMARK; *Copenhague* : Höst.
ESPAGNE; *Madrid* : Bailly Baillière.
HOLLANDE; *La Haye* : Belinfante frères.
ITALIE; *Rome, Florence* et *Turin*: Bocca frères.
PORTUGAL; *Lisbonne*: Silva junior.
RUSSIE; *St-Pétersbourg* : Librairie de la Cour.
SUÈDE et NORVÈGE; *Stockholm* : Bonnier.
SUISSE (langue française); *Genève*: Cherbuliez.
TURQUIE; *Constantinople* : Depasta frères.
VALACHIE; *Bucharest* : Ulrich.

ÉGYPTE; *Alexandrie* : M. de la Pommeraye, avocat.

ÉTATS-UNIS; *New-York* : Christer. — *Philadelphie* : Penington et fils. — *Boston* : Little, Brown et Cie. — *San Francisco*: Payot. — *Nouvelle-Orléans* : Chol (A.).
CANADA; *Montréal* : Dawson frères.
MEXIQUE; *Mejico* : Bouret et fils.
CUBA; *La Havane*: Barandiaran.
VENEZUELA; *Caracas*: Rojas frères.
BRÉSIL; *Rio Janeiro* : Laemmert.
RÉPUBLIQUE ARGENTINE; *Buenos-Ayres* : Cazavalle.
URUGUAY; *Montevideo* : Ybara
CHILI; *Valparaiso* et *Santiago* : A. Raymond.
PÉROU; *Lima* : Abadie.

INDES; *Calcutta* et *Bombay* : Tacker, Winning et Cie.
ILE DE LA RÉUNION; *St-Denis*: Librairie nouvelle.
MAURICE; *Port-Louis* : Dardenne.
AUSTRALIE; *Melbourne* : G. Robertson.

Et chez les principaux Libraires de France et de l'Étranger.

Paris. — Typ. A PARENT, rue Monsieur-le-Prince, 29-31

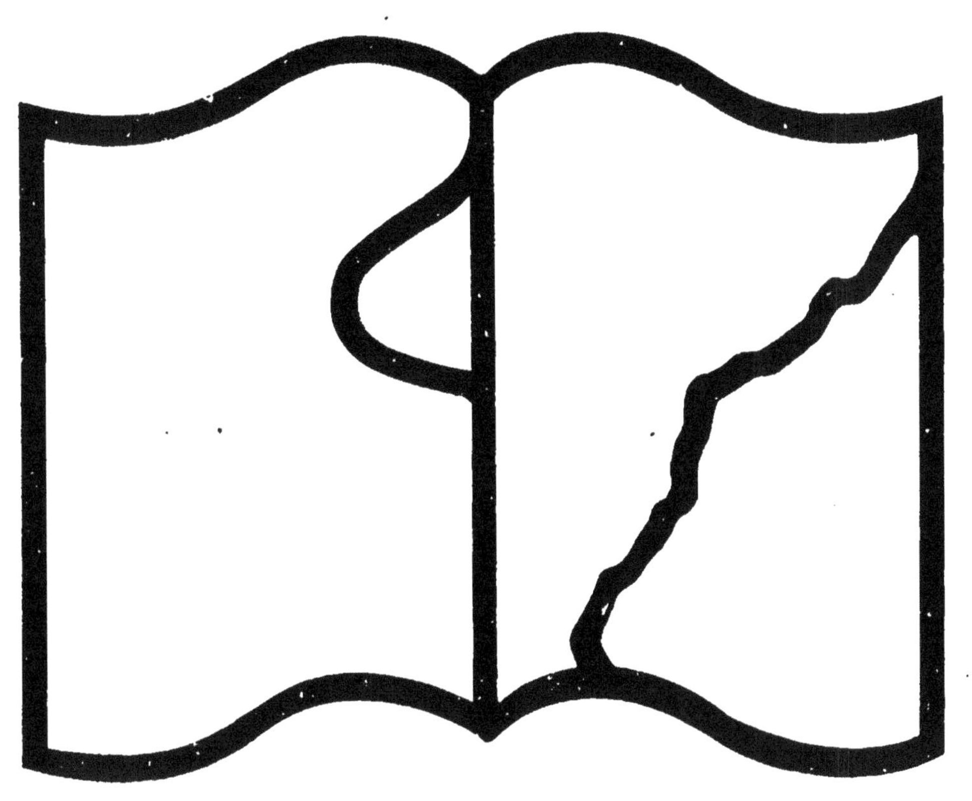

Texte détérioré — reliure défectueuse

NF Z 43-120-11

www.ingramcontent.com/pod-product-compliance
Ingram Content Group UK Ltd.
Pitfield, Milton Keynes, MK11 3LW, UK
UKHW020536230726
13925UKWH00005B/2322

9 782013 543071